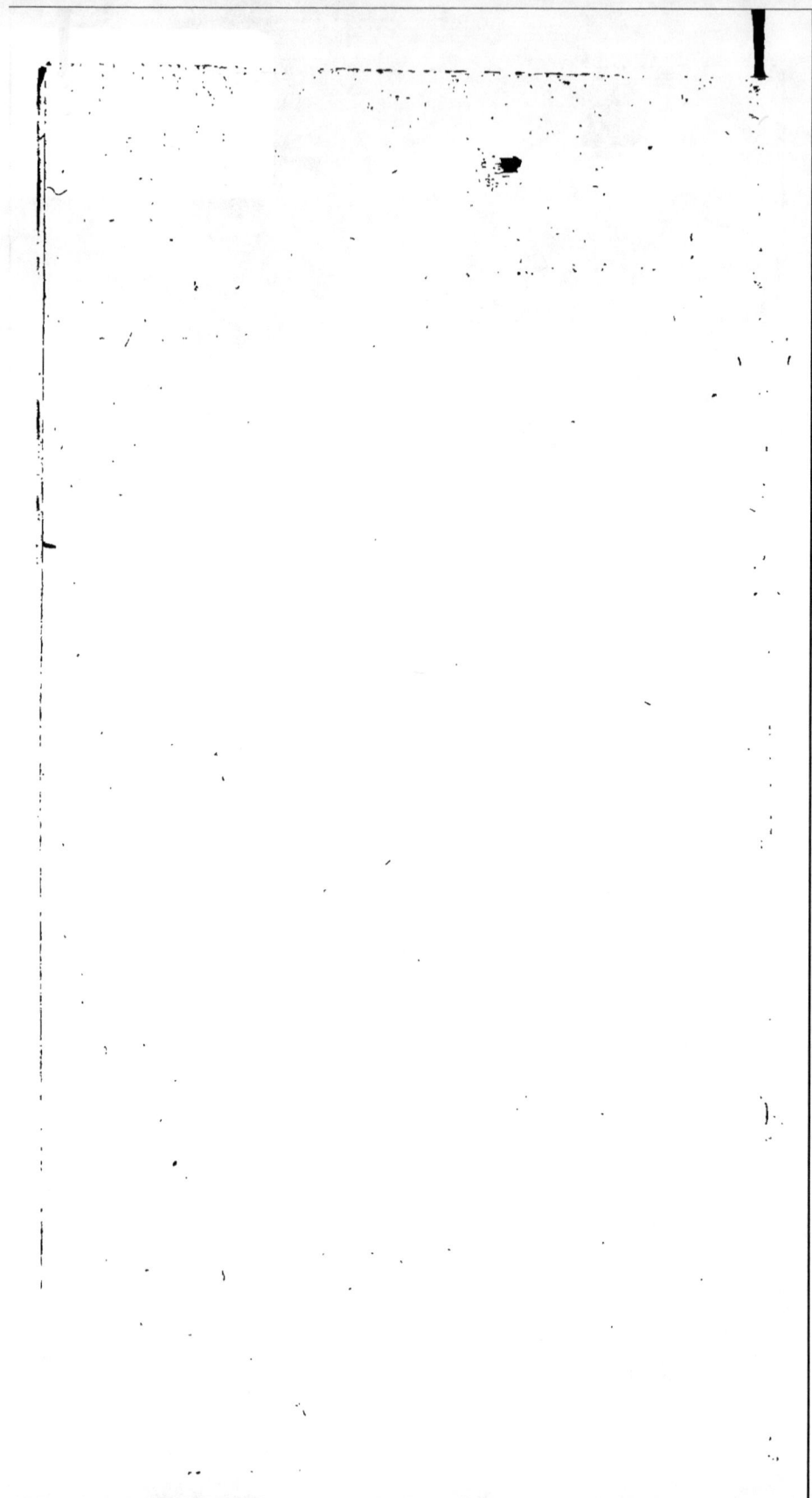

MÉTHODE

SIMPLE ET FACILE

POUR APPRENDRE

LES PRINCIPES

DE LA

LANGUE LATINE,

*A l'ufage des Colléges de l'Univerfité
de Paris.*

Par M. G O S S E T , *Maître-ès-Arts en la même
Univerfité.*

❧❧

A PARIS,

.Chez B R O C A S , Libraire, rue S. Jacques,
au Chef S. Jean.

✳══════════════════✳

M. DCC. LXXV.

Avec Approbation & Privilege du Roi.

AVERTISSEMENT.

J'AI reconnu par expérience que les Rudimens que l'on fait voir aujourd'hui aux Enfans, font trop étendus, & ne font pour l'ordinaire que les rebuter & leur inspirer pour le latin un dégoût qu'ils portent souvent jusques dans les Classes supérieures; c'est ce qui m'a déterminé à leur mettre entre les mains une Méthode courte & facile qui pût leur apprendre en peu de tems les principes de la Langue Latine. J'ose avancer qu'avec celle-ci seule on peut, en un an tout au plus, mettre un Enfant en sixiéme, & en état de fuivre la Claſſe, pourvu qu'il ſache bien décliner & conjuguer ; ce qui eſt l'ouvrage d'environ un mois. Si cette Méthode eſt bonne pour des commençans, elle vaut encore mieux pour de foibles Sixiémes qui, s'étant trouvés dans le cas de voir ſuperficiellement dif-férens Rudimens, ignorent preſ-que abſolument leurs principes. Peut-être la trouvera-t-on trop peu étendue ; je ne l'ai point, il eſt vrai, ſurchargée de remar-ques & de choſes peu importantes qui s'apprennent par l'uſage, & qui ne ſervent qu'à mettre de la confuſion dans l'eſprit ; mais elle renferme tout ce qu'il y a de plus eſſentiel & de plus difficile ; & pour ne point effrayer par un Ouvrage trop étendu, j'ai omis certaines regles faciles qu'il ſuffit d'expliquer de vive voix. Comme c'eſt pour des Enfans que j'ai tra-vaillé , je n'ai point cherché à faire une Méthode raiſonnée ; mais à m'énoncer d'une maniere ſimple & claire : heureux ! ſi j'ai rempli mon objet.

A cette marque ❡, on paſſera au Chapitre ſuivant ; & quand les Enfans poſſéderont bien le commencement des ſept premiers Chapitres, on leur fera reprendre le tout ſans rien paſſer.

DU SUBSTANTIF

ET

DE L'ADJECTIF.

IL y a deux fortes de noms, le nom *fubftantif* & le nom *adjectif*.

Le *fubftantif*, qui fert à nommer une chofe ou une perfonne, comme *livre*, *table*, *maifon*, *&c.* fe connoît quand on ne peut pas y joindre le mot *chofe*.

L'*adjectif*, qui exprime la qualité du fubftantif, comme *livre beau*, *bon*, *&c.* fe connoît quand on peut y joindre le mot *chofe*. EXEMPLE. *Livre beau ; livre* eft le *fubftantif*, parce qu'on ne peut pas dire *livre chofe ; beau* eft l'*adjectif*, parce qu'on peut dire *une belle chofe*.

A iv

CHAPITRE PREMIER.

*De l'accord de l'*Adjectif *avec son* Subftantif.

I.

L'*ADJECTIF* s'accorde avec fon *fubftantif* en genre, en nombre & en cas.

En genre, c'eft-à-dire que fi le *fubftantif* eft du mafculin, l'*adjectif* doit être mis au mafculin; fi le *fubftantif* eft du féminin ou du neutre, l'*adjectif* doit être mis au féminin ou au neutre.

En nombre, c'eft-à-dire que fi le *fubftantif* eft au fingulier ou au plurier, il faut mettre l'*adjectif* au fingulier ou au plurier.

En cas, c'eft-à-dire que fi le *fubftantif* eft au nominatif, il faut mettre l'*adjectif* au nominatif; s'il eft à un autre cas, il faut mettre l'*adjectif* au même cas. Exemples.

Dieu faint. *Deus fanctus.*

La vertu louable. *Virtus laudanda.*

Le vice odieux. *Vitium odiofum.*

Les enfans fages. *Pueri fapientes.*

I I.

¶ Lorfqu'il fe trouve dans une phrafe deux *fubftantifs* au fingulier, il faut mettre l'*adjectif* qui s'y rapporte au plurier ; parce que deux finguliers valent un plurier.

Jean & Pierre favans. *Joannes & Petrus docti.*

I I I.

Si les *fubftantifs* font de différens genres, il faut faire accorder l'adjectif avec le plus noble genre.

Le frere & la fœur pieux. *Frater & foror pii.* Je mets *pii* au mafculin ; parce que *frater,* qui eft du maf-

A v

culin , eſt plus noble que *foror* , qui eſt du féminin.

IV.

Si les *fubſtantifs* de différens genres font des choſes inanimées , c'eſt-à-dire , fans vie , il faut mettre l'*adjeɛtif* au plurier neutre.

La vérité & le menſonge contraires. *Veritas & mendacium contraria.* On tourne : La vérité & le menſonge choſes contraires , & on fous-entend *negotia* choſes , *fubſtantif* qui ne s'exprime jamais , & on met l'*adjeɛtif* qui s'y rapporte au neutre.

CHAPITRE II.

Du que relatif , *& du pronom* dont.

LE *que relatif* qui fe connoît quand on peut le tourner par *lequel* , *laquelle* , *lefquels* , *lefquelles* , s'exprime par *qui* , *quæ* , *quod* , & s'accorde avec fon fubſtantif en genre , en nombre ,

& quelquefois en cas ; il se met toujours au cas du verbe suivant auquel
il se rapporte.

Dieu que j'aime. Comme on peut
tourner : *Dieu lequel j'aime* , il faut dire :
Deus quem amo ; *quem* à l'accusatif ;
parce que *amo* est un verbe actif , &
que tout verbe actif gouverne l'accusatif.

REMARQUES.

§ J'ai dit que le *que relatif* se met
au cas du verbe suivant auquel il se
rapporte ; parce que lorsqu'il est suivi
de deux verbes , il se rapporte ordinairement au second.

On voit par l'exemple cité , qu'il
ne s'accorde pas toujours en cas avec
son substantif.

DU PRONOM *DONT.*

Dont se tourne par *duquel ; de laquelle* , *desquels* ... & s'exprime par

qui, quæ, quod. Il eſt toujours gouverné, ou par un ſubſtantif, ou par un
adjeᶜtif, ou par un verbe.

Quand il eſt gouverné par un ſubſtantif, il ſe met au génitif.

Les pareſſeux dont la compagnie eſt
dangereuſe. *Pigri quorum ſocietas ca-
venda eſt.*

Quand il eſt gouverné par un adjeᶜtif, il ſe met au cas de l'adjeᶜtif.

Les récompenſes dont les diligens
ſont dignes. *Præmia quibus digni ſunt
diligentes.*

Enfin, quand il eſt gouverné par
un verbe, il ſe met au cas du verbe.

Les livres dont nous nous ſervons.
Libri quibus utimur.

CHAPITRE III.

Des Particules de , du , des.

I.

LORSQUE la particule *de , du , des* se trouve entre deux substantifs de différentes choses , le second se met au génitif.

Le livre de Pierre. *Liber Petri.*

II.

Quand cette particule *de , du , des* peut se tourner par ces mots *qui est* ou *qui s'appelle* , le second substantif se met au même cas que le premier.

La ville de Rome. *Urbs Roma.* Le mois de Janvier. *Mensis Januarius ;* parce qu'on peut dire *la ville qui est* ou *qui s'appelle Rome , &c.*

III.

La particule *de , du , des* , après un

verbe, veut toujours le cas du verbe.

Nous fommes aimés de Dieu. *Ama-mur à Deo* ; parce que le verbe paffif veut l'ablatif avec *à* ou *ab* devant une chofe animée, c. à d. une chofe qui a vie, comme les hommes, les animaux ; & l'ablatif fans prépofition devant une chofe inanimée. Nous fommes accablés de chagrin. *Mœrore conficimur.*

I V.

¶ *De* entre un fubftantif & un verbe, veut le gérondif en *di*.

Le defir d'acquérir de la fcience. *Cupiditas comparandi fcientiam ;* ou mieux : *cupiditas comparandæ fcientiæ,* en faifant du gérondif un adjectif, & en mettant le tout au génitif ; ce qui peut toujours fe faire, lorfque le verbe gouverne l'accufatif.

V.

De après *digne, indigne,* fuivis d'un fubftantif, veut le génitif, & mieux ablatif.

Les jeunes gens vertueux sont dignes de louange. *Juvenes virtute præditi digni sunt laudis ,* & mieux *laude.*

VI.

Quand *digne, indigne* sont suivis d'un
verbe, le *de* se tourne par *que*, &
s'exprime par *qui, quæ, quod* avec le
subjonctif.

Les jeunes gens vertueux sont dignes
d'être loués. *Juvenes virtute præditi digni sunt qui laudentur ;* c. à d. *les jeunes
gens vertueux sont dignes lesquels soient
loués.*

VII.

De après *craindre, prendre garde ,*
se tourne par *que*, & s'exprime par *ne*
avec le subjonctif, toutes les fois que
ces verbes ne sont pas suivis de ces
mots *ne pas* ou *ne point.*

Les méchans craignent d'être punis.
Tournez : Les méchans craignent qu'ils
ne soient punis. *Improbi timent ne
puniantur.*

Si ces verbes font fuivis de deux négations, c. à d. de ces mots *ne pas* ou *ne point*, le *que* ou *de* s'exprime par *ut* ou par *ne non*.

Saint Paul craignoit de n'être pas fauvé. *Sanctus Paulus timebat ne non* ou *ut falvus fieret*.

VIII.

De après *défendre*, *empêcher*, fe tourne auffi par *que*, & s'exprime par *ne* avec le fubjonctif.

La Loi de Dieu nous défend de mentir. Tournez : La Loi de Dieu défend que nous mentions. *Lex divina prohibet ne mentiamur*.

Le régime avec *défendre*, *empêcher*, ne s'exprime point, & il devient le nominatif du verbe fuivant ; comme on le voit dans l'exemple cité où *nous*, régime du verbe *défendre*, eft fupprimé, & devient le nominatif du verbe *mentir*.

I X.

Après les verbes *faire en sorte, avoir soin, prier, conseiller, dire, avertir,* le *de* se tourne par *que,* & s'exprime par *ut* avec le subjonctif.

Faites en sorte, ayez soin de satisfaire votre maître. Tournez : Que vous satisfassiez. *Fac ut, cura ut præceptori tuo satisfacias.*

Je vous dis, je vous avertis, je vous conseille, & même je vous prie de penser à vos affaires. *Tibi dico, te moneo, tibi suadeo & etiam te rogo ut rebus tuis consulas.*

R E M A R Q U E s.

Après *dire, avertir,* le *que* se retranche, lorsque ces verbes signifient *faire savoir;* ce qu'on reconnoît, lorsqu'ils sont suivis d'un *que.*

Votre frere m'a dit, m'a averti que vous aviez perdu votre procès.

*Mihi dixit, me monuit frater tuus te
causâ cecidiſſe.*

Le *de* après *promettre*, *menacer*, ſe
tourne auſſi par *que* ; mais il ſe retranche, & l'infinitif dont ces verbes
ſont ſuivis, ſe rend toujours par un
tems futur.

CHAPITRE IV.

De deux Verbes de ſuite.

I.

QUAND deux verbes ſont de ſuite,
le ſecond ſe met à l'infinitif.

Je veux pratiquer la vertu. *Volo
virtutem colere.*

II.

Quand le premier de ces deux verbes marque du mouvement, le ſecond
ſe met au ſupin en *um*, ou au participe en *rus*, *ra*, *rum*.

Je viens vous avertir. *Venio te moni-*
tum ou *moniturus.*

I I I.

¶ Si le second verbe n'a point de fupin , on le tourne par *pour* ou par *afin*
que , & on fe fert de *ad* avec le gérondif en *dum*, ou de *ut* avec le fubjonctif.

Je viens étudier. Tournez : Je viens
pour étudier , ou afin que j'étudïe.
Venio ad ftudendum , ou *ut ftudeam.*

On voit par cet exemple que la particule *pour* avant un infinitif , s'exprime par *ad* avec le gérondif en *dum ,*
ou par *ut* avec le fubjonctif.

I V.

Quand le fecond verbe peut fe tourner par le participe préfent , il s'exprime par le participe préfent latin
qu'on met au cas du premier verbe.

Je vois avec plaifir un jeune homme
remplir exactement fes devoirs. *Lætus*
video juvenem ritè officia fua adimplentem ;

parce qu'on peut tourner : Je vois
avec plaifir un jeune homme remplif-
fant fes devoirs.

CHAPITRE V.
Du Comparatif & du Superlatif.

I.

LE comparatif terminé en *ior* pour
le mafculin & le féminin , & en *ius*
pour le neutre & le comparatif adverbe ; fe connoît , lorfque *plus* fe trouve
devant un adjectif ou un adverbe ;
comme *plus diligent , diligentior , plus
diligemment, diligentiùs.*

II.

¶ Au lieu du comparatif, *plus* peut
s'exprimer par *magis* avec le pofitif ;
ce qu'on doit toujours faire , lorfque
l'adjectif n'a point de comparatif en
latin. Les participes en *dus , da , dum ,*
& prefque tous les noms en *uus , ius ,*

eus, n'ont ni comparatif ni superlatif; alors au lieu du comparatif on se sert de *magis* & de *maximè* au lieu du superlatif.

III.

Le *que* d'après le comparatif s'exprime par *quàm*, ou mieux on le supprime & on met le nom ou le pronom qui est après, à l'ablatif.

Vous êtes plus savant que votre frere. *Doctior es quàm frater tuus ;* & mieux en supprimant le *que : doctior es fratre tuo.*

Lorsque le *que* d'après le comparatif est suivi d'une négation, la négation ne s'exprime point en latin. Vous êtes plus sage que je ne pensois. *Sapientior es quàm putabam.*

Le *que* d'après le comparatif ne peut se supprimer que lorsqu'il est suivi d'un nom ou d'un pronom ; & lorsqu'on se sert de *magis*, il faut toujours exprimer le *que* par *quàm*.

DU SUPERLATIF.

I.

Le fuperlatif terminé en *imus*, *ima*, *imum*, comme *doctiſſimus*, *a*, *um*, fe connoît lorfqu'avant un adjectif il fe trouve un de ces mots, *le plus*, *la plus*, *les plus*, *du plus*, *de la plus*, *des plus*, *au plus*, *à la plus*, *aux plus*, *fort*, *très*, *bien*; comme le plus favant, très-favant, *doctiſſimus*.

II.

Le plus, *fort*, *très*, *bien* avant un adverbe marquent un fuperlatif adverbe : très-diligemment, *diligentiſſimè*, fort fouvent, *ſœpiſſimè*.

III.

¶ Lorfqu'après le fuperlatif adverbe il fe trouve un *que*, il s'exprime par *ut* ou par *quàm*, qu'on met avant le fuperlatif.

Venez chez moi le plus souvent que vous pourrez. *Ad me venias quàm* ou *ut sæpissimè poteris.*

I V.

Quand on ne parle que de deux personnes ou de deux choses, le superlatif françois se rend par le comparatif latin.

Le plus jeune des deux écoliers de Fabius est le plus sage. *Junior amborum Fabii discipulorum sapientior est.*

CHAPITRE VI.
De la Particule à devant un infinitif.

I.

LA particule *à* devant un infinitif s'exprime de plusieurs façons, dont voici les trois principales : savoir, par le gérondif en *do*, par le supin en *u*, & par le participe en *dus*, *da*, *dum*.

Quand la particule *à* devant un înfi-
nitif peut *se* tourner par *en* joint au
participe préfent, l'infinitif fe met au
gérondif en *do.*

Les premiers Chrétiens paffoient
des jours entiers à prier Dieu, c. à d.
en priant Dieu. *Primi Chriftiani totos
dies confumebant orando Deum,* ou
orando Deo ; en faifant du gérondif un
adjectif.

I I.

Quand la particule *à* peut fe tourner
par *à être,* on fe fert du fupin en *u.*

Les commandemens de Dieu font
faciles à obferver. Tournez : font faciles
à être obfervés. *Mandata Dei facilia
funt fervatu.*

Si le verbe n'avoit point de fupin,
il faudroit tourner la phrafe, & mettre
le verbe au préfent de l'infinitif.

Ces chofes font difficiles à apprendre. Tournez : Il eft difficile d'apprendre ces chofes. *Hæc edifcere difficile eft ;*
parce

parce que *difcere, edifcere* n'ont point de fupin.

Enfin, quand la particule *à* peut fe tourner par *pour être*, on fe fert du participe en *dus, da, dum.*

Tout citoyen a des devoirs à remplir. Tournez : *pour être* remplis. *Civis quilibet officia habet adimplenda.*

CHAPITRE VII.

Du Que *retranché.*

I.

APRÈS certains verbes, tels que *penfer, dire, raconter,* & autres, le *que* fe retranche, c. à d. qu'il ne s'exprime point ; & on met le nom ou pronom qui fuit le *que* à l'accufatif, & le verbe à l'infinitif, c. à d. le préfent de l'indicatif au préfent de l'infinitif, le parfait & le plufqueparfait au parfait, & le futur au futur.

Je fuis perfuadé que vous aimez

B

que vous avez aimé & que vous aime-
rez toujours la vertu. *Perfuaſum habe-*
te amare , te amaviſſe & te ſemper ama-
turum eſſe virtutem.

II.

Si le verbe n'a point de ſupin ,
ni par conſéquent de futur à l'infinitif ;
puiſque ce futur ſe forme du ſupin ; on
ſe ſert de *fore ut* avec le préſent du ſubjonctif.

Je crois que vous étudierez. *Puto*
fore ut ſtudeas. Tournez : Je crois qu'il
arrivera que vous étudïez.

III.

Quand après un *que* retranché , il ſe
trouve un de ces pronoms *il , elle , ils ,*
elles , il faut voir s'il ſe rapporte au
nominatif du verbe ou non.

S'il ſe rapporte au nominatif du
verbe , il s'exprime par *ſe.*

L'Empereur Tite diſoit qu'il avoit
perdu le jour , lorſqu'il n'avoit obligé

perſonne. *Titus Imperator dicebat ſe diem perdidiſſe, cum de nemine benè meritus eſſet.*

S'il ne ſe rapporte pas au nominatif du verbe, il s'exprime par *ille, illa, illud.*

Je crois qu'il ſera aimé. *Puto illum amatum iri.*

I V.

Ces pronoms ſe rapportent au nominatif du verbe toutes les fois qu'après avoir fait deux interrogations, on fait deux réponſes ſur le même mot, c. à d. ſur le nominatif du premier verbe qui précede immédiatement ces pronoms.

Dans le premier exemple, *qui* eſt-ce qui diſoit ? Rép. *Tite.* *Qui* eſt-ce qui avoit perdu ? Rép. *Tite.* C'eſt donc *ſe ;* puiſqu'on fait deux réponſes ſur le nominatif du premier verbe.

Dans le ſecond exemple, *qui* eſt-ce qui croit ? Rép. *Moi.* *Qui* eſt-ce qui fera aimé ? Rép. *Lui.* C'eſt donc *illum* ; puiſqu'on ne fait pas deux réponſes ſur le nominatif du premier verbe.

V.

Il après un *que* retranché , ne s'exprime point lorſqu'il n'eſt pas mis pour un nom exprimé auparavant ; ce qu'on reconnoît lorſqu'on ne peut le tourner par *que lui.*

Je penſe qu'il importe. *Puto referre* ; parce qu'on ne peut tourner : Je penſe *que lui* importe.

Quand le *que* retranché eſt ſuivi d'un *qui* ou d'un *que* relatif , ou de la particule *ſi,* c'eſt ſur le ſecond verbe que retombe le *que* retranché.

Soyez ſûr que celui qui fait un bon emploi du tems , ſera récompenſé de Dieu. *Sic habeto eum qui tempore benè utitur , à Deo præmio donatum iri.*

CHAPITRE VIII.

De la Particule On *, de la Particule* Se *, & de l'Interrogation avant un verbe.*

I.

LORSQUE la particule *on* se trouve avant un verbe, on tourne la phrase par le passif, en prenant le cas du verbe pour en faire le nominatif.

On a toujours aimé les Savans. Tournez : Les Savans ont toujours été aimés. *Docti semper amati sunt.*

II.

Si le verbe n'a point de passif en latin, c. à d. s'il est neutre ou déponent, il faut lui chercher un nominatif convenable au sens de la phrase, comme *nous, les hommes* . . .

On a toujours détesté le mensonge.

B iij

Ne dites pas le menſonge a toujours été deteſté ; mais les hommes ont toujours déteſté le menſonge. *Homines mendacium ſemper deteſtati ſunt ;* parce que *deteſtari* eſt un verbe déponent , & que tout verbe déponent ou neutre a bien un paſſif en françois ; mais il n'en a point en latin.

Il y a encore d'autres manieres d'exprimer la particule *on* , que l'uſage peut apprendre.

Remarque.

On voit par ce que nous venons de dire , que quand un ou pluſieurs verbes déponens ou neutres ſont au paſſif dans le françois , il faut les tourner par l'actif, en tournant auſſi les verbes auxquels ils pourroient être joints , quoiqu'ils euſſent un paſſif en latin ; & c'eſt ce qu'on appelle *changement* du *paſſif* en *actif*.

Les jeunes gens ſtudieux ſont aimés & admirés des Maîtres. Tournez :

Les Maîtres aiment & admirent les jeunes gens studieux. *Magistri amant & admirantur juvenes studiosos.*

Si un de ces verbes gouvernoit le datif, il faudroit prendre un des pronoms *is , ille...* pour lui servir de régime.

Les jeunes gens studieux sont aimés & favorisés des Maîtres. Dites : Les Maîtres aiment les jeunes gens studieux, & les favorisent. *Magistri amant juvenes studiosos illisque favent.*

DE LA PARTICULE *SE.*

Lorsque la particule *se* se trouve devant un verbe, il faut voir si le nominatif du verbe est une chose animée ou inanimée.

Si le nominatif est une chose animée, la particule *se* s'exprime par *sui , sibi , se ,* selon le cas que demande le verbe.

Les orgueilleux se louent. *Superbi se laudant.*

Le menteur fe contredit. *Mendax fibi contradicit.*

Si le nominatif eft une chofe inani-mée, la particule *fe* ne s'exprime point, & on tourne par le paffif.

La vérité fe découvre tôt ou tard. *Veritas feriùs ociùs detegitur ;* c.. à d. eft découverte tôt ou tard.

REMARQUE.

La particule *fe*, ainfi que ces mots *me*, *te*, *nous*, ne s'exprime point avec certains verbes, quoique le no-minatif foit une chofe animée ; comme, il fe promene, *ambulat ;* il fe plaint, *queritur.*

DE L'INTERROGATION
avant un verbe.

I.

Quand le verbe interroge, on met *an* avant le premier mot latin, ou *ne* après. Pratiquez-vous la vertu ? *An colis* ou *colis-ne virtutem ?*

I I.

Quand cette interrogation eſt pré-cédée d'une négation , la négation & l'interrogation s'expriment par *an non* ou *norne.* Les hommes ne ſont-ils pas nés pour le travail ? *An non ,* ou *nonne homines nati ſunt ad laborem ?* Il y a des occaſions où on n'exprime ni l'interrogation , ni la négation ; ce qui arrive ſur-tout après combien. Combien de fois ne vous ai - je pas dit ? Tournez : Combien de fois vous ai-je dit ? *Quoties tibi dixi ?*

CHAPITRE IX.

De la Particule Si.

IL y a trois fortes de *fi*, un *fi* conditionnel , un *fi* douteux & un *fi* adverbe.

I.

Le *fi* conditionnel qui fe trouve ordinairement au commencement d'une phrafe , s'exprime par *fi* avec l'indicatif ou le fubjonctif.

Si vous craignez la juftice de Dieu ; fuyez le péché. *Si juftitiam divinam times ou timeas , peccatum fuge.*

I I.

Lorfque le préfent de l'indicatif précédé de *fi* marque un futur , on fe fert du futur de l'indicatif ou du fubjonctif.

Si vous m'accompagnez , vous me

ferez plaisir. *Si me comitaberis , ou comitatus fueris , mihi pergratum feceris.*

III.

Si devant l'imparfait ou le plusque-parfait , veut le subjonctif.

Si vous contentiez , si vous aviez contenté votre Maître. *Si satisfaceres , si satisfecisses Præceptori tuo.*

IV.

Le *si* douteux , qui est ordinairement après un verbe , comme je doute si... je demande si... s'exprime par *an* ou *utrum* avec le subjonctif.

Je doute si vous dites la vérité. *Dubito an* ou *utrum verum dicas.*

V.

Le *si* adverbe , qui est toujours avant un adjectif ou un adverbe , s'exprime par *ità , tàm , adeò ,* & le *que* qui suit , par *ut* avec le subjonctif.

Le mensonge est si honteux , que

B vj

le menteur eſt mépriſé de tout le mon=
de. *Tam fœdum eſt mendacium ut men=*
dax ab omnibus contemñatur.

VI.

Lorſqu'après le *ſi* douteux ou le *ſi*
adverbe , il ſe trouve un futur de l'indicatif, un imparfait ou un pluſqueparfait du ſubjonctif ; on ſe ſert du futur
en *rus, ra, rùm* pour l'actif, & du futur
en *dus, da, dum* pour le paſſif, avec
ſim , ſis , ſit , pour le futur de l'indicatif ; *eſſem, eſſes, eſſet* pour l'impárfait
du ſubjonctif ; *fuiſſem , fuiſſes , fuiſ-*
ſet pour le pluſqueparfait.

Je doute ſi vous ſurpaſſerez , vous
ſurpaſſeriez , vous auriez ſurpaſſé vos
condiſciples. *Dubito an ſuperaturus ſis ;*
eſſes , fuiſſes condiſcipulos tuos.

R E M A R Q U E.

Si le verbe n'avoit point de futur
de l'infinitif, on ſe ſerviroit des mêmes
tems du ſubjonctif , marqués par le

françois, excepté que le *futur* de l'indicâtif se mettroit au présent du subjonctif, avec un adverbe qui marqueroit le futur.

Je doute si vous étudierez plus diligemment. *Dubito an deinceps diligentiùs studeas.*

CHAPITRE X.

De son, sa, ses, leur *ou* leurs.

I.

SON, *sa*, *ses* au commencement d'une phrase, s'expriment par *ejus*, *illius*; leur ou *leurs* par *eorum*, *earum*...

Sa modestie est grande. *Magna est ejus modestia.*

Leur repentir est sincere. *Eorum pœnitentia vera est.*

II.

Quand il se trouve dans la phrase un de ces pronoms *le*, *la*, *les*, il faut

exprimer *fon* , *fa* , *fes*, *leur* ou *leurs* ,
quoiqu'au commencement d'une phra-
fe , par *fuus*, *fua* , *fuum* , auxquels on
joint immédiatement le cas du verbe.

Sa pareffe le rendra miférable. *Sua
eum pigritia miferum faciet.*

I I I.

Quand *fon* , *fa* , *fes* , *leur* ou *leurs*
fe rapportent au nominatif du verbe ;
ce qu'on reconnoît , lorfqu'après avoir
fait deux interrogations , on fait deux
réponfes fur ce nominatif ; il faut fe
fervir de *fuus*, *fua* , *fuum*.

Un Difciple doit aimer fon Maître.
*Difcipulus debet Præceptorem fuum di-
ligere. Qui* eft-ce qui doit aimer ? Rép.
Le *Difciple*. Le Maître de *qui ?*
Rép. Du *Difciple*. C'eft donc *fuum ;*
puifqu'on fait deux réponfes fur le nominatif.

I V.

Quand *fon* , *fa* , *fes* , *leur* ou *leurs*

ne se rapportent pas au nominatif du verbe ; ce qui arrive, lorsqu'on ne peut pas faire deux réponses sur le même mot, c. à d. sur le nominatif du verbe ; il faut exprimer *son*, *sa*, *ses* par *ejus*, *illius*, & *leur*, ou *leurs* par *eorum*, *earum*.

Nous suivrons ses conseils, leurs conseils. *Qui* est-ce qui suivra ? *Rép. Nous*. Les conseils de *qui* ? Rép. De *lui*. Comme on ne peut pas faire deux réponses sur le même mot, je dirai *ejus consiliis*, *eorum consiliis obsequemur*.

Voilà la regle générale sur *son*, *sa*, *ses* ; ce qu'il y a de particulier peut se dire de vive voix.

CHAPITRE XI.

Des Questions de lieu.

IL y a quatre questions de lieu, la question *ubi*, la question *undè*, la question *quò* & la question *quà*.

DE LA QUESTION *UBI.*

I.

La queſtion *ubi*, qui marque le lieu où l'on eſt, où l'on fait quelque choſe, veut l'ablatif avec *in*. J'étudie en claſſe. *Studeo in ſcholâ.* Il eſt en Italie. *Eſt in Italiâ.*

II.

Le nom propre de ville, comme *Paris, Rouen* . . . de la premiere & ſeconde déclinaiſon & du ſingulier, ſe met au génitif.

Il demeure à Paris. *Habitat Lutetiæ.*

III.

Si le nom propre de ville eſt du plurier ou de la troiſiéme déclinaiſon, il ſe met à l'ablatif ſans prépoſition.

Il demeure à Evreux. *Habitat Ebroïcis;* à Dijon, *Divione.*

I V.

Quand après le nom propre de ville, on ajoute ces mots *ville très-belle*, *ville très-célebre* . . . ces mots, à la question *ubi*, se mettent à l'ablatif avec *in*; c. à d. qu'ils suivent la regle des noms communs.

Il demeure à Paris, ville très-belle. *Habitat Lutetiæ in urbe pulcherrimâ.*

DE LA QUESTION *UNDE.*

I.

La question *undè* qui marque le lieu d'où l'on vient, d'où l'on part. . . . . veut l'ablatif avec *è*, ou *ex*.

Je reviens de la ville, de Picardie. *Redeo ex urbe, è Picardiâ.*

I I.

Le nom propre de ville se met à l'ablatif sans préposition.

Je viens de Caën. *Venio Cadomo.*

Si j'ajoute *ville très-célebre* , je dirai *venio Cadomo ex urbe celeberrimâ* ; parce que la queſtion *undè* veut l'ablatif avec *è* ou *ex* , & que ces mots *ville très-célebre...* ſuivent la regle des noms communs dans toutes les queſtions.

DE LA QUESTION QUO.

I.

La queſtion *quò* qui marque le lieu où l'on va, où l'on vient... veut l'accuſatif avec *in*.

Je vais en claſſe. *Eo in ſcholam.* Je vais en Normandie. *Eo in Normanniam.*

II.

Le nom propre de ville ſe met à l'accuſatif ſans prépoſition.

J'irai à Caën. *Ibo Cadomum.*

Je pars pour Lyon , ville très-floriſſante. *Proficiſcor Lugdunum in urbem florentiſſimam.*

DE LA QUESTION QU*A*.

I.

La queftion *quâ* qui marque le lieu par où l'on paffe, veut l'accufatif avec *per* avec toute forte de noms.

Je pafferai par la Picardie, par Rouen. *Iter habebo per Picardiam, per Rothomagum.*

II.

Dans cette queftion quand on ajoute *ville très-célebre* ... on ne répete point la prépofition.

J'ai paffé par Lyon, ville très-commerçante. *Iter habui per Lugdunum urbem commercio clariſſimam.*

Rus & *domus* fuivent la regle des noms propres de villes dans toutes les queftions.

III.

Chez à la queftion *ubi* s'exprime par

apud avec l'accufatif. Il demeure chez votre frere. *Habitat apud fratrem tuum.*

A la queftion *undè* par *à* ou *ab* avec l'ablatif. Je viens de chez votre frere. *Venio à fratre tuo.*

A la queftion *quò* par *ad* avec l'accufatif. Je vais chez votre frere. *Eo ad fratrem tuum.*

A la queftion *quâ* par *per domum* avec le génitif. Je pafferai par chez votre frere. *Iter habebo per domum fratris tui ;* c. à d. par la maifon de votre frere.

CHAPITRE XII.

Du Que *de defir , d'interrogation & d'admiration.*

LE *que* de defir qui fe connoît , lorf-qu'on peut le tourner par *plût à Dieu que ,* s'exprime par *utinàm* avec le fub-jonctif.

Que ne puis-je vous obliger ? Tour-

nez : Plût à Dieu que je puſſe vous
obliger ! *Utinam poſſem de te benè me-*
reri !

DU QUE D'INTERROGATION.

Le *que* d'interrogation eſt relatif ou
adverbe.

Il eſt relatif, lorſqu'on peut le tourner
par *quelle choſe* , & il s'exprime par
quid. Que faites - vous ? Tournez :
Quelle choſe faites-vous ? *Quid agis ?*

Il eſt adverbe , quand on peut le
tourner par *pourquoi ne* , & il s'exprime
par *cur non*. Que n'étudiez-vous ? Tournez : Pourquoi n'étudiez - vous pas ?
Cur non ſtudes ?

DU QUE D'ADMIRATION.

I.

Le *que* d'admiration qui ſe connoît
lorſqu'on peut mettre avant l'interjec-
tion *ô*, s'exprime de pluſieurs façons :

par *quàm* lorfqu'il fe rapporte à un adjectif ou à un adverbe ; ce qui arrive toutes les fois qu'il y a dans la phrafe un adjectif ou un adverbe. Qu'il eft doux & utile de pratiquer la vertu ! *Quàm jucundum & utile eft virtutem colere !* Par *quantum* devant un verbe, par *quanti* devant un verbe de prix ou d'eftime, *refert, intereft,* & par *quantò* devant un comparatif.

II.

Si le *que* d'admiration eft fuivi d'un fubftantif de chofe qui fe compte, il s'exprime par *quot* ou *quàm multi, æ, a.*

Que de vertus brillerent en Charlemagne ! *Quot* ou *quàm multæ virtutes in Carolo magno emicuerunt !*

Si le fubftantif ne fe compte pas, on fe fert de *quantùm* avec le génitif, ou de *quantus, a, um* fi la chofe peut fe dire grande.

Que d'élégance dans les ouvrages

de Fléchier ! *Quantùm elegantiæ* ou *quanta elegantia in operibus Flexerii !*

Combien s'exprime comme le *que* d'admiration.

CHAPITRE XIII.

Des Particules auſſi, autant, tant.

LA particule *auſſi* avant un adjectif ou un adverbe s'exprime par *tam* & le *que* par *quàm.*

Cicéron n'étoit pas auſſi brave qu'éloquent. *Tam fortis non erat quàm eloquens Cicero.*

AUTANT.

La particule *autant* avant un ſubſtantif de choſe qui ſe compte, s'exprime par *tot,* & le *que* par *quot.*

Alexandre commettoit preſque autant de crimes qu'il remportóit de vic

toires. *Tot ferè scelera admittebatAlexan-*
der quot victorias referebat.

Autant ayant un subſtantif d'une
choſe qui ne ſe compte pas, s'exprime
par *tantùm, quantùm* avec le génitif;
ayant un verbe par *tantùm, quantùm;*
avant un verbe de prix ou d'eſtime,
refert, intereſt, par *tanti, quanti.*

TANT.

Lorſque *tant* peut ſe tourner par
autant, tant & le *que* s'expriment comme
autant; lorſqu'il ne peut pas ſe tourner
par *autant, tant* s'exprime toujours
comme *autant;* mais le *que* s'exprime
par *ut.*

Céſar a remporté tant de victoires,
qu'il n'y a aucun Général qu'on
puiſſe lui comparer. *Tot victorias retulit*
Cæſar, ut nullus cum eo Dux comparari
poſſit; parce qu'on ne peut pas tourner:
Céſar a remporté autant de victoires
que, &c.

CHAPITRE

CHAPITRE XIV.

De plus & moins , d'autant plus que.

I.

PL*U*S & *moins* suivis d'un substantif de chose qui se compte, s'expriment plus par *plures , plura ;* & moins par *pauciores , pauciora.*

On voit plus d'ignorans que de savans. *Plures ignari quàm docti videntur.*

Si la chose ne se compte pas, *plus & moins* s'expriment par *plus , minùs* avec le génitif.

Plus de vanité que de science. *Plus superbiæ quàm eruditionis.*

On voit que le *que* s'exprime toujours par *quàm.*

II.

Quand *plus* ou *moins* est répété dans

C

une phrase, *plus* & *moins* s'expriment toujours suivant les regles ordinaires ; mais on ajoute *quò* avant le premier membre de la phrase, & *eò* avant le second.

Plus vous ferez diligent, plus vous ferez estimé. *Quò diligentior eris, eò pluris æstimabere.*

Moins vous mépriserez les autres, moins ils vous mépriseront. *Quò minùs alios aspernaberis, eò te minùs aspernabuntur.*

J'ai dit *pluris æstimabere*, parce que *plus* & *moins* avec un verbe de prix ou d'estime s'expriment par *pluris*, *minoris*.

___

D'AUTANT PLUS QUE.

I.

D'autant plus s'exprime par *eò* avec le comparatif, & le *que* par *quò*, s'il y a un second *plus* dans le second membre de la phrase.

Les freres de Jofeph étoient d'autant plus coupables en le vendant, qu'il étoit plus innocent. *Fratres Jofephi eò nocentiores erant eum vendendo, quò ille erat innocentior.*

Si l'adjectif n'avoit pas de comparatif, on fe ferviroit de *eò magis quò magis* avec le pofitif.

II.

S'il n'y a pas de *plus* dans le fecond membre de la phrafe, le *que* s'exprime par *quòd*.

Le vice eft d'autant plus honteux, qu'il rend miférable. *Eò turpius eft vitium, quòd miferum facit.*

III.

Quoiqu'il y ait un fecond *plus* dans le fecond membre de la phrafe, le *que* s'exprime encore par *quòd*, lorfque le fecond *plus* eft fuivi d'un *que*.

La fageffe eft d'autant plus aimable dans un jeune homme, que cet âge est ordinairement plus diffipé que tout autre. *Sapientia eò magis amabilis ou eò amabilior eft in adolefcente , quòd illa ætas vulgò levior eft quàm alia quævis.*

Ce que nous avons dit de *d'autant plus*, doit s'entendre de *d'autant moins.*

CHAPITRE XV.

De la Particule Sans ; *des Verbes* devoir , il faut.

L A particule *fans* avant un infinitif s'exprime ordinairement de trois façons ; par *nec tamen*, par *quin* & par *priufquàm.*

I.

Lorfque *fans* peut fe tourner par *& cependant* , on l'exprime par *nec tamen.*

La mere des Machabées vit périr tous fes enfans, fans changer de réfolution. *Machabæorum mater omnes libe-*

ros ſuos pereuntes vidit, nec tamen à
propoſito receſſit. On peut tourner : Et
cependant elle ne changea point de
réſolution.

I I.

Lorſque *ſans* peut ſe tourner par
que je ne, que tu ne... on l'exprime
par *quin.*

Je ne puis voir la conſtance des
Martyrs, ſans être frappé d'admiration.
Tournez : Que je ne ſois frappé d'admiration. *Martyrum conſtantiam non
poſſum intueri, quin admiratione percellar.*

I I I.

Enfin lorſque *ſans* peut ſe tourner par
avant que, on l'exprime par *priuſquàm.*

Un Chrétien ne doit rien entre-
prendre, ſans avoir invoqué le ſecours
divin. Tournez : Avant qu'il ait invoqué le ſecours divin. *Nihil ſuſcipere
debet Chriſtianus, priuſquàm divinum
auxilium imploraverit.*

Des Verbes devoir, il faut.

I.

Lorſque le verbe *devoir* marque la réſolution qu'on a formée de faire une choſe, il s'exprime par le futur en *rus*, *ra*, *rum*. Je dois partir pour Rouen. *Rothomagum profecturus ſum.* Ils doivent partir. *Profecturi ſunt.*

I I.

Quand le verbe *devoir* marque l'obligation qu'on a de faire une choſe, il s'exprime par le participe en *dus*, *da*, *dum*, ou par *debere*. On doit pratiquer la vertu. Tournez : La vertu doit être pratiquée. *Virtus colenda eſt* ou *virtus coli debet.*

I I I.

Le verbe *il faut* s'exprime auſſi par le participe en *dus*, *da*, *dum*. Il faut

fuir le péché. *Peccatum fugiendum est.*
Il faut travailler. *Laborandum est.*

CHAPITRE XVI.

De l'imparfait de l'indicatif, & des tems du subjonctif après un que *retranché*.

I.

L'IMPARFAIT de l'indicatif après un *que* retranché, lorsqu'il ne marque aucun tems passé, se met au présent de l'infinitif.

Je croyois que vous détestiez le mensonge. *Te à mendacio abhorrere existimabam.* On voit clairement qu'il ne marque aucun tems passé.

II.

Lorsque l'imparfait de l'indicatif marque un tems passé, ce qu'on reconnoît quand on peut le tourner par

C iv

le parfait de l'indicatif, il fe met au parfait de l'infinitif.

Nous lifons que Julien étoit le fléau des Chrétiens. Tournez : Que Julien a été ... *Legimus Chriftianorum Julianum fuiffe peftem.*

III.

Le préfent du fubjonctif s'il marque un futur, s'exprime par le futur de l'infinitif.

Je ne crois pas que vous foyez jamais favant, c. à d. que vous ferez... *Non puto te unquam futurum effe doctum.*

S'il ne marque pas un futur, ce qu'on reconnoît lorfqu'on peut le tourner par le préfent de l'indicatif, il fe met au préfent de l'infinitif.

Je ne dis pas que vous faffiez un mauvais emploi du tems. Tournez : Que vous faites ... *Non dico te malè uti tempore.*

IV.

L'imparfait du fubjonctif avec un

tems futur s'exprime par le futur de l'infinitif.

J'efpérois que vous fuivriez mes confeils. *Sperabam te meis obfecuturum effe confiliis.*

S'il ne marque aucun tems futur, ce qui arrive toutes les fois qu'on peut le tourner par le préfent de l'indicatif, il fe met au préfent de l'infinitif.

Si je vous voyois plus exact à vous acquitter de vos devoirs, je croirois que vous aimeriez l'étude. On peut tourner : Je croirois que vous aimez l'étude. *Crederem te ftudium amare , fi diligentiorem fungendo officiis tuis te viderem.*

V.

Le parfait & le futur du fubjonctif, lorfqu'ils marquent un tems futur, s'expriment par *fore ut* ou *futurum effe ut* avec le parfait du fubjonctif.

Je fuis perfuadé que vous aurez bien

tôt furmonté les difficultés fi . . . *Mihi perfuafum eft fore ut* ou *futurum effe ut difficultates brevi fuperaveris fi . . .*

Je ne crois pas que vous ayez terminé vos affaires avant la fin du mois. *Non puto fore ut negotia tua ante menfis finem confeceris.*

S'ils ne marquent aucun tems futur, ils s'expriment par le parfait de l'infinitif ; parce qu'ils peuvent fe tourner par le parfait de l'indicatif.

Croyez - vous que notre ami ait gagné fon procès ? *Credis-ne amicum noftrum caufam fuam obtinuiffe ?*

Je crois que votre pere fera arrivé. *Patrem tuum adveniffe exiftimo.*

V I.

Le plufqueparfait du fubjonctif, s'il marque un futur, s'exprime par le futur antérieur de l'infinitif.

Soyez perfuadé que vous auriez été récompenfé de votre Maître, fi vous aviez fait un meilleur emploi du tems.

Perſuaſum habe te à Præceptore tuo præ-mio donandum fuiſſe, ſi tempore meliùs uſus fuiſſes.

S'il ne marque pas un futur, ce qu'on reconnoît lorſqu'on peut le tourner par le pluſqueparfait de l'indicatif, il s'exprime par le parfait de l'infinitif.

Je croyois que vous auriez lu mon livre. Tournez : Que vous aviez lu. *Te librum meum legiſſe exiſtimabam.*

Si le préſent, l'imparfait, le pluſque-parfait du ſubjonctif marquant un futur, n'avoient pas de futur de l'infinitif, il faudroit ſe ſervir pour le *préſent*, de *fore ut* avec le préſent du ſubjonctif ; pour l'*imparfait*, de *fore ut* avec l'imparfait du ſubjonctif ; pour le *pluſqueparfait*, de *futurum fuiſſe ut* avec l'imparfait du ſubjonctif.

CHAPITRE XVII.

Régime de différens Verbes.

I.

Les verbes *fum*, *fio*, tous les verbes paffifs qui ne font pas fuivis des particules *de*, *du*, *des* ; en un mot tous les verbes qui ne prennent point de régime, comme *arriver*, *revenir* & autres, ne gouvernent aucun cas, c. à d. qu'ils veulent après eux le même cas que devant.

Les jeunes gens pieux font dignes de louange. *Juvenes pii digni funt laude.*

Mon pere eft parti & eft revenu malade. *Pater meus profectus eft rediit-que æger.*

II.

Lorfque ces verbes font à l'infinitif, & qu'ils ont devant eux un autre cas que le nominatif, ils veulent après eux l'accusatif.

Il importe à tout le monde d'être vertueux. *Omnium refert esse virtute prædisos.*

III.

Les verbes actifs & les verbes déponens qui ont la signification active, comme *hortari*, exhorter, *mirari*, admirer, & autres, veulent l'accusatif.

Nous devons aimer & respecter nos parens. *Parentes nostros amare & venerari debemus.*

Nous avons parlé du verbe passif dans le Chapitre III.

IV.

Ces trois déponens *minari*, menacer, *gratulari*, féliciter, *furari*, voler, veulent le datif de la personne & l'accusatif de la chose.

Dieu menace les pécheurs d'une mort éternelle. *Peccatoribus mortem æternam minatur Deus.*

Lorſque *menacer* a pour nominatif un nom de perſonne, on ſe ſert de *minari*, & d'un de ces verbes *imminere*, *inſtare*, *impendere*, quand il a pour nominatif un nom de choſe.

De grands malheurs menacent les impies. *Magnæ calamitates impiis imminent.*

Ces ſept autres *frui*, *potiri*, *gloriari*, *lætari*, *fungi*, *veſci*, *uti* gouvernent l'ablatif.

V.

Les verbes *celo*, *rogo*, *doceo* gouvernent deux accuſatifs, l'un de la perſonne, & l'autre de la choſe.

La Religion que Dieu a enſeignée aux hommes, eſt la ſeule véritable. *Quam Religionem homines docuit Deus, ea ſola vera eſt.*

L'accuſatif de la choſe eſt gouverné par la prépoſition *circa* ou *ſecundùm* que l'on ſous-entend.

Lorſque ces verbes ſont au paſſif,

ils veulent toujours pour nominatif le nom de perſonne , & le nom de choſe reſte à l'accuſatif.

A Lacédémone on enſeignoit aux enfans la juſtice & la tempérance. Tournez : A Lacédémone les enfans étoient enſeignés ſur la juſtice & ſur la tempérance. *Spartæ pueri juſtitiam temperantiamque docebantur.*

VI.

Les imperſonnels *pænitet, tædet, miſeret, piget, pudet,* ainſi nommés , parce qu'ils n'ont qu'une troiſiéme perſonne au ſingulier , veulent leur nominatif à l'accuſatif , & le nom de la choſe au génitif.

David ſe repentit de ſes fautes. *Davidem pænituit ſuorum delictorum.*

VII.

Les verbes *incipere, cæpiſſe, deſinere, debere, poſſe, ſolere, credi, dici, videri* avant *pænitet, tædet.... de-*

viennent imperfonnels ; ainfi ils n'ont pour lors qu'une troifiéme perfonne du fingulier , & leur nominatif fe met à l'accufatif.

Lorfque nous avons péché , nous devons nous repentir comme David. *Cum peccavimus , debet nos ficut Davidem pœnitere.*

REMARQUE.

Les accufatifs *me , te . . .* avant *pœ-nitet , tœdet . . .* font gouvernés par un verbe fous - entendu. Je m'ennuye ou je commence à m'ennuyer. *Me tœdet* ou *incipit me tœdere ; id eft , tœdium me tenet* ou *incipit me tenere.*

VIII.

Les verbes *refert , intereft* gouvernent le génitif.

Il importe à tous les hommes de reconnoître un feul Dieu. *Omnium intereft unum Deum agnofcere.*

Si avec *refert , intereft* il fe trouve

ces mots *à moi*, *à toi*, *à nous*, *à vous*, on se sert des ablatifs *meâ*, *tuâ*, *noſtrâ*, *veſtrâ*, devant lesquels on sous-entend *cauſâ*.

Il nous importe de profiter du tems. *Noſtrâ refert tempus lucro apponere.*

Ces deux pronoms *lui*, *leur* avec *refert*, *intereſt*, s'expriment auſſi par l'ablatif *ſuâ*, lorſqu'ils se rapportent au nominatif du verbe. Il dit qu'il lui importe ; ils diſent qu'il leur importe. *Dicit*, *dicunt ſuâ referre.*

I X.

Les verbes *accuſer*, *condamner*, *abſoudre*, *convaincre*, gouvernent le génitif ou l'ablatif.

Eſther accuſa & convainquit Aman de perfidie & de cruauté. *Æſther accuſavit convicitque Aman perfidiæ & crudelitatis*, ou *perfidiâ & crudelitate.*

CHAPITRE XVIII.

Différentes Observations.

I.

LE verbe *apprendre* s'exprime de trois façons, par *difcere* lorfqu'il fignifie apprendre par cœur, par *audire* lorfqu'il fignifie entendre dire, & par *docere* lorfqu'il fignifie enfeigner.

II.

Refufer, ne vouloir pas accepter, *recufare.*

Refufer, ne vouloir pas accorder, *denegare.*

III.

Penfer que ... *putare, exiftimare*, en retranchant le *que.*

Penfer à quelque chofe, *cogitare aliquid, de aliquâ re.*

Penfer de ... *fentire de aliquâ re.*

I V.

Réuſſir, lorſqu'il a pour nominatif un nom de perſonne, *rem feliciter gerere.*

Lorſqu'il a pour nominatif un nom de choſe, *proſperè cedere.*

V.

Louer, donner à louage, *locare.* *Louer*, prendre à louage, *conducere.*

V I.

Il y a, *il y avoit* ſe tournent par le verbe *être*, de cette maniere. Il y a deux ans qu'il étudie. Tournez : Deux ans ſont depuis qu'il étudie. *Duo ſunt anni ex quo ſtudet ; ex quo* ſe rapporte à *tempore* ſous-entendu.

V I I.

Le *que* entre deux négations, s'il eſt adverbe, s'exprime par *quin.*

Je ne doute point que vous ne vous

acquittiez de vos devoirs. *Non dubito quin fungaris officiis tuis.*

S'il est relatif, il s'exprime par *qui, quæ, quod* avec le subjonctif.

V I I I.

Lorsque le *que* accompagné d'une seule négation peut se tourner par *feulement*, on se sert de *tantummodò* ou de *solus, sola, solum.*

Un véritable Chrétien ne desire que ce qui plaît à Dieu, c. à d. desire seulement les choses qui plaisent à Dieu, ou les seules choses qui plaisent à Dieu. *Vir verè Christianus ea tantummodò expetit* ou *ea sola expetit quæ Deo placent.*

J'ai rendu *véritable* par *verè ;* ce qu'on doit toujours faire, lorsqu'il peut se tourner par *véritablement.*

I X.

Que peu, combien peu, si le substantif qui est après se compte, s'expriment par *quàm pauci, cæ, ca ;* s'il ne se compte pas, par *quàm parum* avec le génitif.

X.

Lorsque le verbe commande, on se sert de l'impératif ou du subjonctif.

Fuyez le péché. *Peccatum fuge* ou *fugias.*

Lorsqu'il défend, on se sert de *noli, nolite* avec l'infinitif, ou de *ne* avec l'impératif ou le subjonctif.

Ne fréquentez pas les méchans. *Noli frequens esse cum improbis.* On met *nolite* quand on parle à plusieurs.

X I.

C'est sans raison que vous vous plaignez, c'étoit sans raison que vous vous plaigniez. Tournez : Vous vous plaignez, vous vous plaigniez sans raison. *Immeritò quereris, querebaris ;* parce qu'après *c'est, c'étoit, ce fut* . . . on supprime le *que.*

X I I.

Si j'ai menti une fois, ce n'est pas à dire pour cela que je mente toujours.

Tournez : Je ne ments pas pour cela toujours. *Si femel mentitus fum, non ideò femper mentior.*

XIII.

C'eft fe tromper que de croire, il faut être infenfé pour croire que la fcience s'acquiert fans travail. Tournez : Celui-là fe trompe, celui-là eft infenfé qui croit.... *Is errat, is infanus eft qui putat fcientiam fine labore comparari.*

XIV.

Je ne puis m'empêcher d'admirer la vie des premiers Chrétiens. Tournez : Je ne puis ne point admirer, ou je ne puis que je n'admire ... *Non poffum non mirari,* ou *non poffum quin mirer vitam primorum Chriftianorum.* On fupprime le verbe *empêcher.*

XV.

Un menteur loin d'être aimé, eft méprifé de tout le monde. Tournez :

Tant s'en faut qu'un menteur soit aimé, qu'au contraire il est méprisé de tout le monde. *Tantùm abest ut mendax ametur, ut contrà contemnatur ab omnibus ; ou* bien *mendax contemnitur ab omnibus, nedum ametur.*

XVI.

Peu s'en faut que, il ne s'en faut pas beaucoup que . . . *Parùm abest , non mul-tùm abest quin* . . . subjonctif.

XVII.

Ce qui me console, c'est que vous pratiquez la vertu. Tournez : Cela me console, que vous pratiquez la vertu. *Illud me solatur , quòd virtutem colas.*

Ce que je crains , c'est que vous ne tombiez malade. *Illud vereor , ne in mor-bum incidas.*

XVIII.

Le Consul Brutus fit trancher la tête à ses propres enfans. Tournez : Le Consul Brutus ordonna que la tête de ses propres enfans fût tranchée. *Consul*

Brutus fuorum liberorum caput amputari juffit ; parce que le verbe *faire* avant un infinitif fignifiant *ordonner* , s'exprime par *jubere* avec l'infinitif paffif.

XIX.

Quand après un *que* retranché il fe trouve deux accufatifs de chofe animée qui font une amphibologie, c. à d. un double fens, il faut pour éviter cette amphibologie , tourner par le paffif.

Je crois que vous aimez votre Maître. Si je dis : *puto te amare Præceptorem tuum* , il y a une amphibologie , parce que le latin peut fignifier auffi : *je crois* que votre Maître vous aime ; il faut donc dire, en tournant par le paffif, *puto Præceptorem tuum à te amari.*

X X.

Les participes *étant* , *ayant* , *ayant été*, s'expriment par les participes latins, & fe mettent au nominatif, lorfqu'ils fe rapportent au nominatif du verbe ,

verbe, & au cas du verbe, lorfqu'ils fe rapportent au cas du verbe.

Ayant dit ces chofes, il s'en alla. *Hæc locutus abiit.*

Etant interrogé, ayant été interrogé, il répondit. *Interrogatus, refpondit.*

Epaminondas ayant dégagé l'armée, la ramena à Thebes. *Liberatum exercitum Thebas reduxit Epaminondas*

X X I.

Lorfque les participes ne fe rapportent ni au nominatif ni au cas du verbe, on fe fert de l'ablatif abfolu, ainfi nommé, parce qu'il eft compofé d'un fubftantif & d'un participe qui ne fe rapportent ni au nominatif ni au cas du verbe.

Ayant fini votre devoir, votre devoir étant fini, étudiez vos leçons. *Perfecto officio, edifcenda memoriæ mandes.*

X X I I.

Si le verbe n'a point de participe

D

en latin , on fe fert de *cùm* , *poftquàm*...
felon le fens de la phrafe.

Ayant étudié vos leçons , vous irez
en claffe. Tournez : Lorfque vous aurez étudié . . . *Cùm edifcendis ftudueris* ,
fcholam petes.

On fe fert rarement des participes
en *ans* , en *ens* au nominatif.

Votre frere n'étudiant pas , fera pu-
ni. *Non ftudens frater tuus* , & mieux :
Cùm non ftudeat frater tuus , *punietur.*

XXIII.

Etre caufe que . . . *In caufâ effe cur*
avec le fubjonctif.

A peine , *vix* , *que* d'après , *cum* avec
l'indicatif.

XXIV.

Il joue au lieu d'étudier. Tournez :
Lorfqu'il devroit étudier. *Ludit cùm*
ftudere deberet.

Il étudie au lieu de jouer. Tournez :
Lorfqu'il pourroit jouer. *Studet cùm*
ludere poffet. On fe fert de *debere* lorf-

qu'il y à obligation de faire la chose, & de *posse* lorsqu'il n'y en a pas.

XXV.

Vous êtes trop prudent pour vous comporter de la sorte. Tournez : Pour que vous vous comportiez de la sorte. *Prudentior es quàm ut ità agas.*

XXVI.

Vous ne travaillez pas assez pour être récompensé. Tournez : Vous ne travaillez pas de maniere que vous soyez récompensé. *Non ità laboras ut præmio doneris.*

XXVII.

Je ne suis pas homme à vous tromper, je ne suis pas capable de vous tromper. Tournez : Je ne suis pas celui qui vous trompe. *Non is sum qui te decipiam.*

XXVIII.

Il ne fait que se promener. Tournez : Il se promene continuellement. *Perpetuò ambulat.*

Il ne fait que d'arriver, il vient d'arriver, il n'y a qu'un moment qu'il est arrivé. Tournez : Il est arrivé tout à l'heure. *Modò advenit.*

XXIX.

Il ne songe qu'à parer son corps. Tournez : Il est tout entier en cela qu'il pare son corps. *In eo totus est ut corpus exornet.*

XXX.

Un Chrétien ne doit avoir rien plus à cœur, rien tant à cœur que d'observer les commandemens de Dieu. Tournez : Un Chrétien ne doit avoir rien de plus cher qu'il observe les commandemens de Dieu. *Nihil Christiano antiquius esse debet quàm ut Dei mandata servet.* Ici *sum* est mis pour *habeo.*

XXXI.

Je vais partir, je suis près de partir, ou sur le point de partir. Tournez : Je partirai bientôt. *Mox proficiscar* ou *profecturus sum.*

J'ai été près de tomber, j'ai été fur le point de tomber, j'ai penfé tomber, j'ai manqué de tomber. Tournez : Je fuis prefque tombé. *Penè* ou *ferè cecidi.*

XXXII.

Il n'eft pas tel qu'il paroît. *Non is eft qui videtur,* ou *talis non eft qualis videtur ;* parce que *tel que* s'exprime par *is qui,* ou par *talis qualis.*

Quelquefois après *tel,* le *que* s'exprime par *ut* avec le fubjonctif ; ce qui arrive toutes les fois que *tel* peut fe tourner par *fi grand, fi bon, fi mauvais...*

Il s'applique à l'étude avec une telle ardeur, qu'il eft toujours des premiers. *Eo ardore ad ftudium incumbit, ut inter primos femper fedeat.*

XXXIII.

Le *premier,* le *dernier ; l'un, l'autre,* quand on ne parle que de deux, s'expriment, le *premier* par *prior,* le *dernier* par *pofterior ; l'un, l'autre* par *alter, alter.*

Le premier pleuroit ; le dernier rioit ; l'un pleuroit , l'autre rioit. *Prior flebat , posterior ridebat ; alter flebat , alter ridebat.*

XXXIV.

Ces deux façons de parler , *étant aussi . . . ayant autant de . . .* s'expriment par *pro* avec l'ablatif , ou par *qui , quæ , quod.*

Etant aussi prudent que vous l'êtes... *Pro tuâ prudentiâ* , ou *quæ tua est prudentia.*

Ayant autant de mémoire que vous en avez . . . *Pro tuâ memoriâ* , ou *quæ tua est memoria.*

XXXV.

Même , lorsqu'il est précédé de *le , la , les* , s'exprime par *idem , eadem , idem* , & le *que* par *qui , quæ , quod.*

Je suis le même que j'ai toujours été. *Idem sum qui semper fui.*

Même , après un nom ou un pronom , s'exprime par *ipse , ipsa , ipsum.* La chose même , *res ipsa.* Nous-mêmes , *nos ipsi. Même* adverbe , *etiam.*

XXXVI.

Il est aussi diligent qu'on le peut
être, qu'homme du monde, que personne, que qui que ce soit. Tournez :
Il est aussi diligent que celui qui l'est
le plus. *Tam diligens est quàm diligentissi-*
mus, ou *quàm qui maximè*.

Il est aussi diligent que jamais. Tournez : Il est aussi diligent que lorsqu'il
l'étoit le plus. *Tam diligens est quàm*
cùm maximè.

Il est autant aimé qu'on le peut être...
Tantùm amatur quantùm qui maximè.
Dans ces façons de parler, *aussi*, *autant*,
s'expriment suivant les regles ordinaires.

XXXVII.

Je suis tout autre que vous ne pen-
sez. *Longè alius sum quàm*, *ac* ou *atque*
putas ; parce que le *que* après *autre*, *au-*
trement, s'exprime par *quàm*, *ac* ou *atque*.

Il parle autrement qu'il ne pense.
Aliter loquitur quàm, *ac* ou *atque sentit* ;
ou mieux, en supprimant le *que*, *aliter*

loquitur, aliter fentit. On voit que la négation ne s'exprime point.

XXXVIII.

Lequel des deux, ou *lequel* feulement
quand on ne parle que de deux perfonnes ou de deux chofes , *uter , utra,
utrum.*

*Ni l'un ni l'autre. Neuter , neutra ;
neutrum.*

*L'un ou l'autre. Alteruter , alterutra ;
alterutrum.*

*L'un & l'autre. Uterque , utraque ,
utrumque.*

Lequel des deux , ou de Cicéron
ou de Démofthene , étoit le plus éloquent ? ou lequel de Cicéron ou de
Démofthene, étoit le plus éloquent ?
*Uter an Cicero an Demofthenes erat élo-
quentior ?*

Les génitifs après *lequel, laquelle . . .*
fe rendent toujours par le nominatif.
J'ai exprimé *ou* par *an* , parce que *ou*
après une interrogation , s'exprime par
an.

XXXIX.

Quelque, fuivi d'un *fubftantif* ou d'un *que*, s'exprime avec le *que* par *quicumque . . .*

Quelque réfolution que vous for-miez. *Quodcumque confilium ineas.*

Si la chofe peut fe dire grande, on fe fert de *quantuscumque . . .*

Quelque crédit que vous ayez, ne vous-enorgueilliffez point. *Quantâcum-que valeas autoritate, noli fuperbire.*

Quelque, fuivi d'un adjectif ou d'un adverbe, s'exprime par *quantùmvis.*

Quelque malheureux que nous foyons, nous devons attendre avec patience que Dieu nous délivre de nos maux. *Quantùmvis miferi fimus, patien-ter expectare debemus dum malis noftris nos Deus liberet.*

F I N.

TABLE
DES CHAPITRES.

APPROBATION.

J'AI lu, par ordre de Monseigneur le Garde des Sceaux, un Manuscrit intitulé : *Méthode simple & facile pour apprendre les Principes de la Langue Latine*. Le mérite de cette Méthode est de présenter en un petit nombre de pages, & dans les termes les plus clairs, les Principes généraux de la Langue Latine. Je crois qu'à ce titre, l'Ouvrage peut être mis utilement entre les mains des Commençans. A Paris, ce 8 Mars 1775. LOUVEL.

PRIVILEGE DU ROI.

LOUIS, par la grace de Dieu, Roi de France & de Navarre : A nos amés & féaux Conseillers, les Gens tenans nos Cours de Parlement, Maîtres des Requêtes ordinaires de notre Hôtel, Grand Conseil, Prévôt de Paris, Baillis, Sénéchaux, leurs Lieutenans Civils, & autres nos Justiciers qu'il appartiendra ; SALUT. Notre amé le Sieur GOSSET Nous a fait exposer qu'il desireroit faire imprimer & donner au Public un Livre qui a pour titre : *Méthode simple & facile pour apprendre les Principes de la Langue Latine ;* s'il nous plaisoit lui accorder nos Lettres de Permission pour ce nécessaires. A CES CAUSES, voulant favorablement traiter l'Exposant, Nous lui avons permis & permettons par ces Présentes, de faire imprimer ledit Ouvrage autant de fois que bon lui semblera, & de le faire vendre & débiter par tout notre Royaume, pendant le tems de trois années consécutives, à compter du jour de la date des Présentes : Faisons défenses à tous Imprimeurs, Libraires, & autres personnes, de quelque qualité & condition qu'elles soient, d'en introduire d'impression étrangere dans aucun lieu de notre obéissance. A la charge que ces Présentes seront enregistrées tout au long sur le Registre de la Communauté des Imprimeurs & Libraires de Paris, dans trois mois de la date d'icelles ; que l'impression dudit Ouvrage sera faite dans notre Royaume, & non ailleurs, en bon papier & beaux caracteres ; que l'Impétrant se conformera en tout aux Réglemens de la Librairie, & notamment à celui du 10 Avril 1725, à peine de déchéance de la présente Permission; qu'avant de l'expofer en vente, le Manufcrit qui aura fervi de copie à l'impreffion dudit Ouvrage, fera remis dans le même état où l'Approbation y aura été donnée, ès mains de notre très-cher & féal Chevalier, Garde des Sceaux de France, le fieur HUE DE MIROMESNIL; qu'il en fera enfuite remis deux Exemplaires dans notre Bibliothéque publique, un dans celle de notre Château du Louvre, un dans celle de notre très-cher & féal Chevalier, Chancelier de France, le fieur DE MAUPEOU, & un dans celle dudit fieur HUE DE MIROMESNIL; le tout à peine de nullité des Préfentes : du contenu defquelles vous mandons & enjoignons de faire jouir ledit Expofant, & fes Ayans-caufe, pleinement & paifiblement, fans fouffrir qu'il leur foit fait aucun trouble ou empêche-ment. Voulons qu'à la copie des Préfentes, qui fera imprimée tout au long, au commencement ou à la fin dudit Ouvrage, foi foit ajoutée comme à l'original. Commandons au premier notre Huiffier ou Sergent fur ce requis, de faire pour l'exécution d'icelles tous actes requis & néceffaires, fans demander autre per-miffion, & nonobftant clameur de Haro, Charte Normande & Lettres à ce contraires : CAR tel eft notre plaifir. DONNÉ à Paris, le troifiéme jour du mois de Mai, l'an de grace mil fept cent foixante-quinze, & de notre Regne le premier. Par le Roi en fon Confeil.

Signé, LE BEGUE.

Regiftré fur le Regiftre XIX de la Chambre Royale & Syndicale des Libraires & Imprimeurs de Paris, N°. 183, fol. 416. conformément au Réglement de 1723, qui fait défenfes, article IV, à toutes perfonnes, de quelque qualité & condition qu'elles foient, autres que les Libraires & Imprimeurs, de vendre, débiter, foire afficher aucuns Livres pour les vendre en leurs noms, foit qu'ils s'en difent les auteurs ou autrement, & à la charge de fournir à la fufdite Chambre huit exemplaires, prefcrits par l'article 108 du même Réglement. A Paris, ce 8 Mai 1775.

Signé, LOTTIN jeune, *Adjoint.*

De l'Imprimerie de CHARDON, rue Galande,
1775.

.